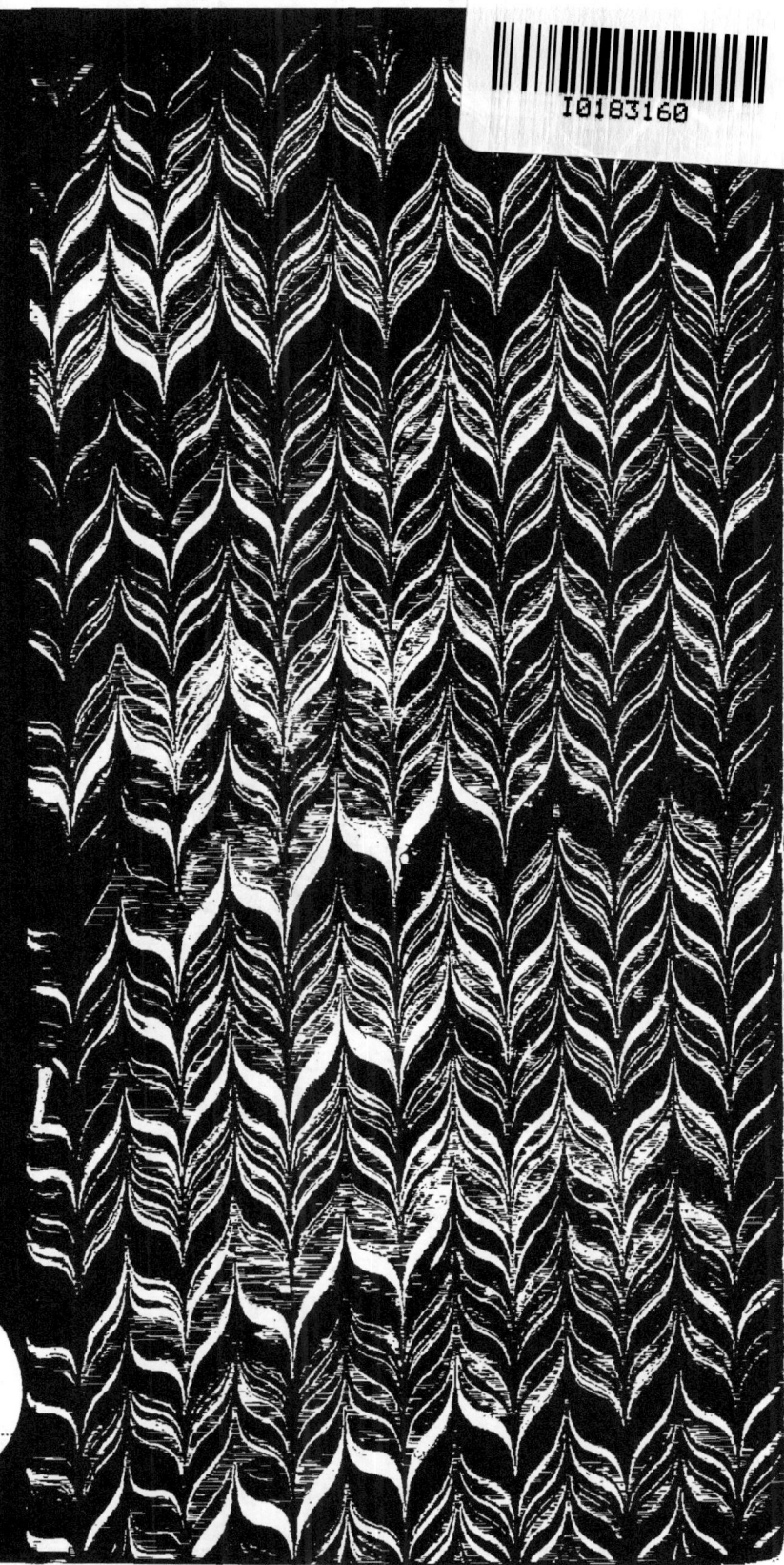

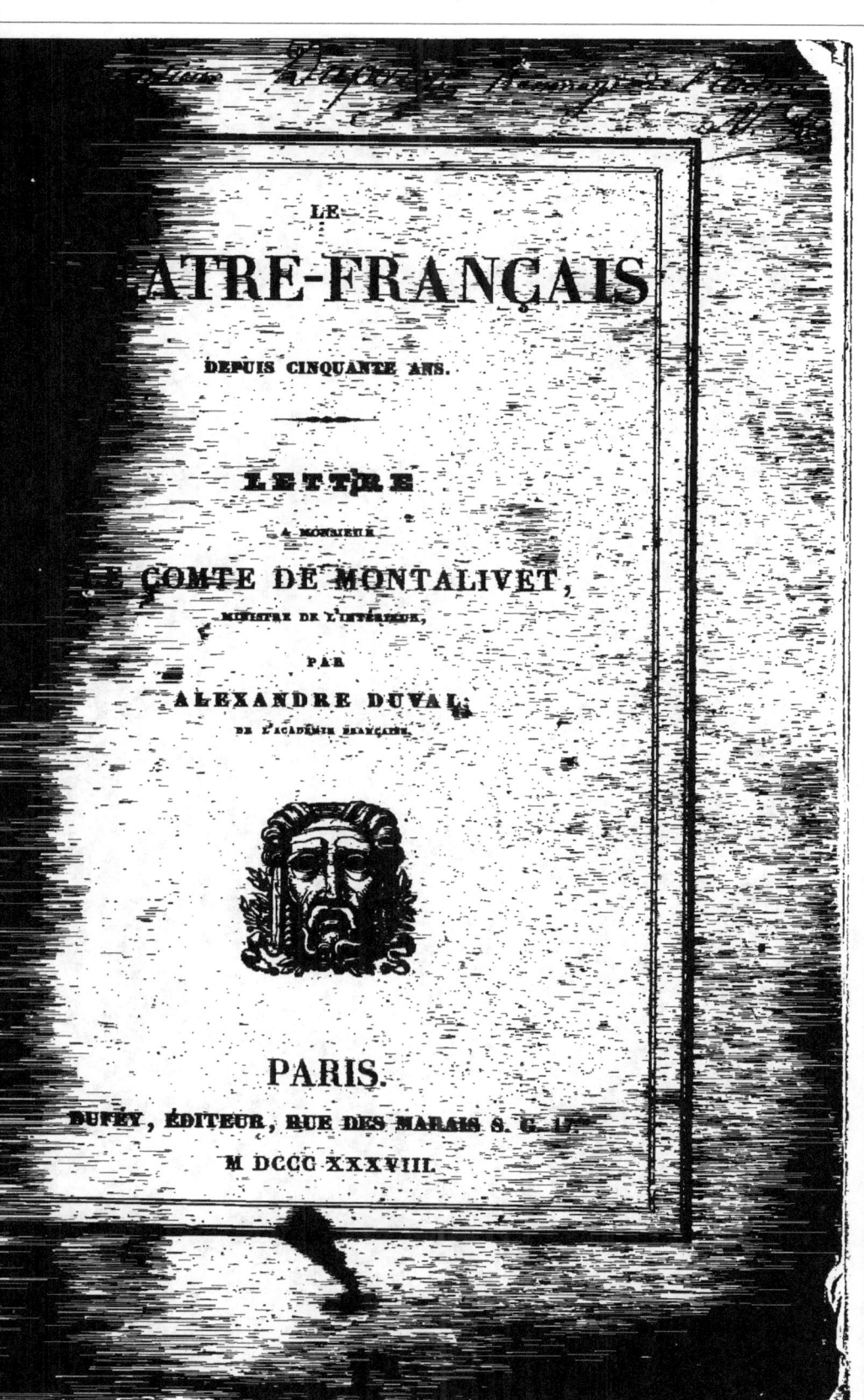

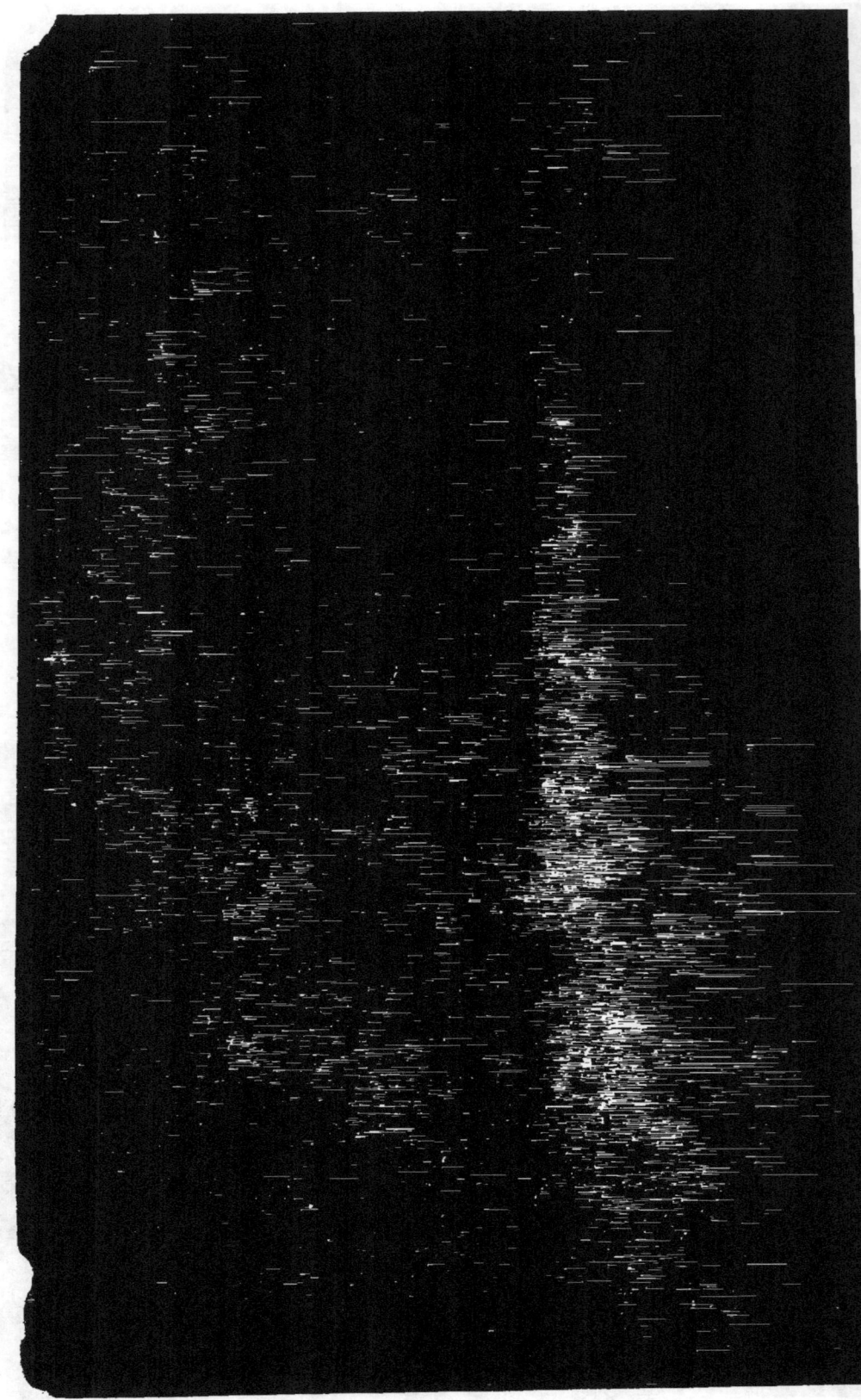

LE
THÉATRE-FRANÇAIS
DEPUIS CINQUANTE ANS.

IMPRIMERIE DE FIRMIN DIDOT FRÈRES,
rue Jacob, n° 56.

LE
THÉATRE-FRANÇAIS

DEPUIS CINQUANTE ANS.

LETTRE

A MONSIEUR

LE COMTE DE MONTALIVET,

MINISTRE DE L'INTÉRIEUR,

PAR

ALEXANDRE DUVAL;

DE L'ACADÉMIE FRANÇAISE.

PARIS.

DUFÉY, ÉDITEUR, RUE DES MARAIS S. G. 17.

M DCCC XXXVIII.

Monsieur le Ministre,

En prenant la liberté de vous écrire, de vous faire part de mes idées sur l'art dramatique et la situation particulière du Théâtre-Français, je crois accomplir un devoir. L'intérêt que vous portez aux lettres, à ceux qui les cultivent, la bienveillance dont vous avez bien voulu m'honorer et dont j'ai reçu tant de preuves, m'ont encouragé à vous faire connaître mes rêves d'amélioration, mes utopies peut-être, en faveur d'un art que j'ai cultivé, pendant près d'un demi-siècle, avec quelque succès.

Si la lettre que j'ai l'honneur de vous adresser me fut inspirée par le chagrin que m'ont fait éprouver les nouvelles doctrines littéraires, si après l'avoir composée, je n'ai pas osé la faire paraître, c'est qu'il m'était permis de craindre que mon faible travail, repoussé d'avance par les partisans du genre romantique, ne pût arriver jusqu'aux dépositaires du pouvoir, jusqu'à ces hommes qui, par leurs talents et les services rendus à l'État, ont une influence directe sur l'opinion publique. Mais depuis qu'une voix auguste s'est fait entendre, que le roi des Français, dans sa sollicitude pour tout ce qui peut contribuer à la prospérité de la France et dans ses craintes d'en voir altérer la gloire, a sommé l'Institut, avec cette éloquence du cœur qui toujours fait naître l'enthousiasme, de veiller au dépôt des sciences et des lettres qui lui était confié, et surtout de préserver des *écarts du génie* cette belle littérature que nous ont léguée nos illustres prédécesseurs, je n'ai plus hésité, rassuré par cette voix du protecteur éclairé des arts et d'un roi honnête homme, à livrer au public des réflexions et des critiques que je dois à l'expérience et à l'amour de mon pays.

Si l'on blâme la forme que j'ai prise pour faire parvenir à l'autorité compétente mes justes récriminations contre certains hommes, on ne pourra du moins m'accuser d'aucun intérêt personnel. Parvenu à un âge qui doit être le terme des grands travaux, à cet âge où l'on ne doit plus songer à faire du bruit dans le monde, retiré d'une arène où des milliers de lutteurs se disputent un laurier qui se flétrit presque aussitôt qu'il est conquis, on ne me verra plus essayer de le leur ravir; et si j'ose encore rappeler mon nom au public, ce n'est que dans l'intérêt de mes jeunes rivaux, de la gloire littéraire et de la morale publique.

J'ose donc espérer, monsieur le Ministre, que vous parcourrez avec quelque indulgence ce mémoire, qui a pour but la restauration du Théâtre-Français, complétement déchu de sa grandeur passée.

Si, dans les tableaux qu'il me faudra tracer pour signaler les causes de sa décadence, il m'échappait quelques traits tant soit peu satiriques, vous les pardonnerez au vieillard qui a vu avec une douloureuse indignation les objets de son culte outragés, méprisés, et cette belle littérature, qui honora et embellit le siècle de Louis XIV, travestie en caricatures d'une immoralité repoussante, mutilée par des milliers d'ouvriers *ès lettres*, réduite en objet de commerce, et presque en petite marchandise. Vous songerez enfin, monsieur le Ministre, que le doyen des auteurs dramatiques, qui a vu d'autres temps, d'autres mœurs, doit être nécessairement, par son âge et par les chagrins qu'il a éprouvés dans sa vieillesse, le *laudator temporis acti*.

Je sais qu'en m'abandonnant au désir d'appeler

1.

l'attention sur un établissement qui était jadis une des gloires de la France, j'intéresserai aujourd'hui peu de personnes au succès de mes observations. A l'intérêt qu'on portait autrefois aux productions littéraires, ont succédé des intérêts d'un tout autre genre. Tout ce qui ne donne pas ou ne promet pas de l'argent est de peu de valeur au temps où nous vivons. Cette vérité est si bien sentie par nos modernes auteurs, et ils font un si grand cas de leurs travaux, que je ne désespère pas de voir toutes les productions de leur génie proposées par actions, et le talent de nos hommes célèbres coté par le tribunal de la Bourse et payé au marc la livre.

Vous avez dû remarquer comme moi, monsieur le Ministre, le changement qui s'est opéré dans nos mœurs. Les calculs scientifiques ou financiers ont remplacé les plaisirs délicats de l'imagination, ou les douces sensations d'une illusion dramatique. Toutes nos émotions sont fondées maintenant sur un intérêt matériel. On ne connaît plus d'autres plaisirs, même dans les arts et les lettres, que celui de s'enrichir. De là les grandes spéculations, le charlatanisme littéraire, les primes, les traités, les ventes de billets d'auteurs, les faux succès, les claqueurs, les procès, la mauvaise foi de certains journaux, enfin tout ce qui avilit et dégrade les lettres, les arts, et les nobles cœurs qui devraient seuls les professer.

Pour justifier ce que je viens d'avancer généralement de cette dégradation dans les lettres, je me verrai forcé de citer quelques exemples à l'appui de mes indispensables critiques ; je me trouverai également forcé de vous parler de moi. Vous me pardonnerez cette hardiesse, puisque nos mœurs nouvelles peuvent encore me servir d'excuse. Le *moi*, si décrié par Pascal, étend maintenant son empire sur toute la littérature. Grâce à l'usage qu'on en fait, tous les auteurs ont le droit de ne pas se montrer aussi modestes que leurs prédécesseurs affectaient de l'être. Aujourd'hui, le premier des pronoms personnels se présente partout avec assurance ; il ne se donne plus la peine de se déguiser même *en pluriel*. En province, il vante ses bonnes qualités pour se faire nommer député ; à la tribune, il fait l'éloge de son désintéressement ; il est menaçant dans les journaux ; il caresse, il flatte dans la place publique ; enfin le *moi*, pour se faire distinguer et l'emporter sur *nous*, est, selon le temps, audacieux, injuste, et quelquefois ouvertement intrigant et calomniateur.

Si ce *moi*-là, qui est assez mauvaise compagnie, se donne le droit d'attaquer et de poursuivre ses ennemis en les calomniant, il est un autre *moi* tout à fait benin qui n'appelle l'attention du public que dans l'intérêt général, et qui ne se montre à front découvert qu'autant qu'il se sent appuyé par la raison et par la vérité. En me mettant en scène, j'y trouverai un grand avantage; mes observations, mes raisonnements sur l'art dramatique, porteront nécessairement la conviction dans votre esprit, puisque je pourrai vous dire avec assurance : *J'étais là, telle chose m'advint.*

Pardonnez-moi cette digression; elle était nécessaire, puisque, me proposant de plaider pour les intérêts de l'art dramatique et la prospérité du théâtre, il ne faut pas que je me trouve enchaîné par des bienséances qui pourraient nuire au succès de ma cause.

Je reprendrai donc le crayon qui devait me servir à tracer l'esquisse de l'ancien Théâtre-Français, tel que je l'ai vu plusieurs années avant notre première révolution.

Le Théâtre-Français, au moment où je le suivais fréquemment avant d'en faire partie, était le rendez-vous de la plus haute société. Dirigé par les gentilshommes de la chambre, il devait son éclat à la haute noblesse et aux gens de lettres, qui avaient sur elle une grande influence. Je ne dirai pas qu'on n'y connaissait point l'intrigue, que de grands protecteurs n'y commettaient pas quelques injustices; mais je prouverai que, malgré les cabales qui s'agitaient dans cette haute classe pour l'admission d'une pièce ou d'un comédien, aucun acteur d'un véritable talent, aucun ouvrage d'un mérite reconnu, n'étaient écartés de la scène française.

Maintenant, je vais exposer à vos yeux les différentes phases du Théâtre-Français depuis 1788 jusqu'à nos jours. J'ai vu, dans cet espace de temps, passer bien des comédiens, bien des pièces, bien des auteurs. Sans doute ce n'était plus la grande époque de la haute littérature. Une peinture fade de mœurs plus fades encore avait succédé aux larges tableaux de caractère de nos grands comiques, qui pourtant n'étaient point oubliés par nos comédiens, car les pièces seules de ces maîtres faisaient leur réputation à leur début sur la scène française; mais, comme je l'ai dit, un genre maniéré (j'en excepte quelques ouvrages de Fabre et de Collin), de petits tableaux en miniature bien roses et bien frais, l'emportaient alors sur les vastes toiles des Molière, des Destouches et des Regnard. Comme la peinture, l'art dramatique avait ses *Boucher*. L'auteur comique de ce temps-là cédait un peu trop à la mode; il dédaignait les mœurs bourgeoises et n'allait chercher ses modèles que dans une société maniérée et galante; aussi ses tableaux n'offraient que de petits ridicules de salon assez vrais, mais touchés avec afféterie. Cependant, s'ils ne peignaient pas les mœurs du peuple, ils nous faisaient connaître au moins tous les raffinements d'une galanterie que la révolution devait faire disparaître pour jamais. Cette société élégante, qui n'était peut-être devenue idolâtre du Théâtre-Français que parce qu'elle s'y retrouvait tout entière et peinte en beau, fut bientôt jugée, critiquée, avilie par le large et spirituel pinceau de Beaumarchais; on pouvait dire alors:

« Figaro foule en paix la cendre de Molière. »

Mais l'ingénieux auteur qui frappait si gaiement et si rudement l'immoralité de son temps, novateur dans son art, est pourtant bien pâle auprès de ces novateurs actuels, qui, tout en nous offrant des tableaux hideux, ne nous offrent pas même la moralité qui doit résulter d'une satire.

Quelque hardie que fût la touche de Beaumarchais, il mérita son grand succès par son talent, et notre estime, parce qu'il n'outragea point (ce qu'ont fait depuis ses imitateurs) les maîtres qui l'avaient précédé, et qui avaient obtenu par de nombreux ouvrages leur grande réputation, de la justice et du bon goût de nos pères.

Oh! qu'il était beau ce temps de ma jeunesse, où, jeté dès la première année de la révolution hors de la carrière que je devais parcourir, j'allai lire à la Comédie française mon premier œuvre dramatique (*Christine*, tragédie en cinq actes)! et même que je suis loin de me plaindre de la nécessité où je me trouvai, l'année suivante, d'entrer à ce théâtre comme acteur! ce qui fut pour ma famille une belle occasion de se brouiller avec moi.

Comme en avançant dans la vie tout se retrace vivement à la mémoire du vieillard! J'ai encore présent tout ce dont je fus témoin à cette intéressante et effrayante époque de la terreur. En écartant ce qui a rapport à la révolution, je ne vous entretiendrai que des hommes célèbres que je connus alors, et que l'amour des arts, malgré leurs opinions différentes, ramenaient tous les soirs au Théâtre-Français. Que je me trouvais heureux et fier d'aller entendre au comité de lecture, où j'avais une voix consultative, les pièces de quelques auteurs célèbres que je connaissais presque depuis mon enfance! que j'étais heureux de causer le soir avec eux de leurs ouvrages! que je m'amusais de leurs conversations, des luttes qui s'établissaient entre les la Harpe, les Lemière, les Ducis, les Demoustiers, les Fabre d'Églantine, les Collin, etc.! Aussitôt que la première pièce était finie, vieux et jeunes seigneurs de la cour se rendaient au foyer. Dans cette réunion s'établissait une conversation animée, où prenaient part les femmes aimables du théâtre qui jouaient dans la seconde pièce. Cette conversation offrait mille nuances comiques qui tenaient au rang, au caractère, aux opinions des interlocuteurs. Après une critique maligne de la pièce que l'on venait de représenter, et même du talent des acteurs, on en venait aux nouvelles du jour; et bientôt, aux galanteries de bon ton des Girardin, débitées à mademoiselle Contat, se mêlaient les raisonnements un peu lourds de Lauraguais, la philosophie mordante de Chamfort, et les épigrammes sanglantes et quelque peu érotiques de Chancenay.

Si je me suis permis, monsieur le Ministre, cette légère esquisse du foyer du Théâtre-Français, c'est que là se trouvait, à cette époque, une réunion d'hommes supérieurs par leur esprit, leur talent et leurs belles manières, qui, par leurs conseils aux acteurs, leurs observations aux auteurs sur leurs ouvrages, avaient une influence directe sur l'art dramatique, et contribuaient, sans s'en douter, à ce bel ensemble qui avait mérité au Théâtre-Français sa grande réputation. Je n'en dirai pas plus sur ce beau théâtre du faubourg Saint-Germain. La révolution m'ayant entraîné volontairement à la défense de mon pays, il me serait impossible de raconter les événements qui furent cause de sa désorganisation pendant mon absence. Il me suffira de dire qu'à mon retour de l'armée, les comédiens français furent arrêtés par ordre de la Convention, et que pendant plusieurs mois je partageai leur prison.

Aussitôt que je fus rendu à la liberté, je fis partie du Théâtre de la république, et je cédai, plus que jamais, à l'ardent désir que j'avais de me faire un nom dans les lettres. Plusieurs essais couronnés du succès m'encouragèrent encore à travailler davantage. Sans doute ces essais, que j'ai imprimés dans mes œuvres, ne pouvaient avoir que la couleur du moment; c'est-à-dire, que toute comédie, tout drame qui sortait de la plume d'un écrivain devait inspirer le dévouement à la patrie et la haine des tyrans. Je me conformai à l'usage; mais j'ose dire que, de tout ce que j'ai écrit dans ce temps-là, il n'est pas une phrase que je voulusse effacer maintenant, et qu'un honnête homme ne puisse avouer.

Ce temps de dévergondage littéraire et de barbarie politique ne fut pas heureusement d'une longue durée. Le premier consul, en nous assurant un instant de paix par ses victoires, et en nous ôtant notre liberté, dont nous avions fait un si mauvais usage, nous rendit les lois, la religion et l'art dramatique; il réunit en un seul théâtre les comédiens du Théâtre-Français et ceux de la rue de Richelieu. S'ils ne s'étaient pas rapprochés par les opinions, ils le furent bientôt par leurs grands talents. Là se retrouvèrent aussi de nos anciens amateurs qui, fatigués de la politique, de leurs revers chez l'étranger, venaient chercher l'oubli de leurs peines dans le charme de leurs anciens plaisirs. Bientôt le théâtre s'enrichit de nouveaux ouvrages dans tous les genres; et ce beau théâtre, journellement suivi, possédant pour plus de deux cent cinquante mille francs de loges louées à l'année, devint le rendez-vous d'une riche et brillante société.

Je n'essayerai pas, monsieur le Ministre, de vous tracer le tableau de ces belles représentations où Corneille, Molière, Racine, avaient pour interprètes les Talma, les Molé, les Duchesnois, les Fleuri, les Contat, les Devienne, les Mars, etc. Je vous dirai seulement que la comédie française avait reparu dans tout son éclat; que le parterre jouissait en connaisseur de toute la finesse du jeu de ses acteurs, de toute la grâce de leurs manières, de toute la vivacité de leur dialogue. Hélas! que ce temps est loin de nous!

Cette réunion de tant de talents dramatiques, ces encouragements donnés aux lettres par le gouvernement d'alors, nous les devions, vous l'ignorez peut-être, à l'intervention de votre excellent père, à son goût éclairé, à l'intérêt que ce grand fonctionnaire public portait à tout ce qui pouvait contribuer à rendre plus douces les mœurs de cette France encore révolutionnaire et beaucoup trop guerrière. A cette époque vous étiez encore un enfant, et vous ne pouvez guère vous rappeler l'influence que la bonté, la politesse et les talents de cet homme d'État exerçaient alors sur les affaires publiques. Qu'il serait heureux, monsieur le Ministre, s'il pouvait voir que son fils, loin de dégénérer, se rend de plus en plus digne de porter son nom, et d'obtenir comme lui, par d'utiles et grands travaux, de justes droits à la reconnaissance publique.

Cette époque de bonheur pour les comédiens et de plaisir pour le public dura très-longtemps, puisqu'elle comprend le consulat, l'empire et le règne de Louis XVIII. J'expliquerai bientôt pourquoi et comment a fini cet âge d'or; je dirai pourquoi on jeta tant de mépris sur la littérature de ce temps-là, que l'on appelait ironiquement *la littérature de l'empire;* on connaîtra tous les petits et bas moyens que l'on a employés pour renverser ce temple de la bonne littérature et du goût.

Que les novateurs, que j'appellerais autrement si je cédais à mon indignation, méprisent les auteurs qui travaillaient alors pour le théâtre, je le conçois : ces auteurs se contentaient de suivre les préceptes des maîtres de la scène, et ne voulaient devoir qu'à leurs travaux, et non à des claqueurs brevetés, leur succès et leur réputation. Mais leurs antagonistes auront beau faire, quel que soit leur nombre, quelque intrigue qu'ils emploient pour les faire oublier, leurs devanciers n'en auront pas moins, pendant trente ans, obtenu les suffrages de la société la plus aimable et la plus instruite de notre dix-neuvième siècle.

Je vous avoue, monsieur le Ministre, que c'est avec une orgueilleuse satisfaction que je me rappelle ces trente années de succès, puisque je puis me flatter d'avoir contribué, avec plusieurs de mes confrères de l'Académie, à la gloire et à la prospérité de notre grand théâtre. J'ignore ce que le sort nous réserve dans l'avenir; mais j'ose croire que si le théâtre ne tombe pas dans une complète barbarie, si une administration sage le ramène au bon goût, nous pourrons recouvrer chez les générations suivantes, cette estime que l'impuissance de jeunes rivaux, aidée de certains journaux corrompus et corrupteurs, nous refuse maintenant.

Puisque nous sommes sur cet article des journaux, permettez-moi, monsieur le Ministre, de vous en parler un instant, non pour décliner leur influence, non pour signaler le mal qu'ils ont fait, mais pour prouver, au contraire, par mon exemple, qu'ils peuvent affliger beaucoup un auteur, nuire peut-être un peu à ses intérêts, à sa tranquillité, mais qu'ils ne sauraient lui enlever tout à fait le prix de ses succès, s'il l'a placé dans l'estime des honnêtes gens et des gens de goût.

Telle est, sur ce point, ma résignation aux critiques des journaux, que je ne me suis jamais plaint de leur rigueur, et que je n'ai point sollicité leur indulgence. En résultat, j'ai trouvé parmi les gens de lettres, qui font noblement ce pénible métier, d'honnêtes critiques, francs et polis. Un seul journal, parmi tous les journaux, très-célèbre en littérature comme en politique, soit par opinion, soit par dévouement pour ses protégés, n'a jamais cessé de me traiter très-sévèrement; il portait cette sévérité au point de demander au gouvernement, par esprit de parti, la suppression de ceux de mes ouvrages qui avaient le malheur de lui déplaire (1).

(1) Je vais donner la preuve de ce que j'avance. Une lettre d'un collaborateur feuilletoniste de ce journal, retrouvée par hasard dans mes papiers, m'en fournit les moyens. On verra par cette lettre, que s'il se montrait très-sévère à mon égard, c'est que sans doute il en avait reçu l'ordre. Ses éloges manuscrits, auxquels je n'ai point le sot amour-propre de croire, ne m'empêcheront pas de penser que ce journal ne fut jamais que l'écho des passions politiques et des coteries littéraires. Voici la lettre de M. B......, l'un des rédacteurs du célèbre feuilleton.

Du château de Bardy près Sandillon, ce 29 janvier 1825.

Monsieur,

« Si j'ose vous ennuyer de mes lettres, après vous avoir quel-
« quefois ennuyé de ma personne, le désir que j'ai de vous
« être agréable et mon respect pour votre beau talent me ser-
« viront d'excuse.

« Avant de partir pour la retraite où je compte m'ensevelir
« pendant quelques mois et réparer le temps perdu par de sé-
« rieuses études, je suis allé au journal pour chercher plusieurs
« ouvrages dont je dois faire l'analyse. Parmi ces ouvrages se
« trouve votre théâtre, et permettez-moi, Monsieur, à ce sujet,
« de m'expliquer avec une franchise tout à fait bretonne.

« Oui, Monsieur, mon estime, et, j'ose le dire, mon attache-
« ment pour vous, ont pu seuls m'engager à rendre compte
« de votre théâtre. Rien au monde ne pourra me forcer à écrire
« ce que je ne pense pas; mais vous le savez aussi bien que
« moi, peut-on toujours écrire tout ce qu'on pense. Ce que je

Il est bien malheureux pour les lettres et pour les arts, que des hommes passionnés, plus jaloux de montrer de l'esprit que d'instruire, envisagent la critique littéraire plutôt comme un métier lucratif que comme un moyen d'être utile. A quelques exceptions près, les écrivains qui jugent les ouvrages dramatiques cèdent plus souvent aux exigences de leur coterie, à des ressentiments particuliers, aux recommandations de leurs amis, qu'à la voix de la raison et de la justice.

Telle est maintenant l'influence que les journaux ont sur la société, que je plaindrais l'homme de lettres qui, par cette noble fierté qui convient à tout auteur, dédaignerait, comme je m'honore de l'avoir toujours fait, de s'acquérir des protecteurs et des amis dévoués parmi les journalistes.

Aussi, je conseillerais à tout jeune auteur de nos

« pense, c'est qu'après Molière vous êtes l'auteur qui a le plus
« honoré la scène comique en France : voilà ce que je voudrais
« dire ; mais le puis-je *dans le journal où je travaille?* Je vous
« le demande à vous-même : quand bien même *la différence*
« *d'opinions* (vous savez bien que ce n'est pas pour moi que je
« parle) ne m'empêcherait pas de vous rendre cette justice
« authentique, certain passage de l'une de vos charmantes
« notices ne serait-il point un obstacle à ma bonne volonté?
« Mettez-vous donc, je vous prie, à ma place : en me chargeant
« de votre théâtre, j'ai bien compris que je ne pouvais être *tout*
« *à fait équitable* envers vous ; mais j'ai voulu empêcher *qu'on*
« *ne fût tout à fait injuste*. Voilà l'exacte vérité. »

jours, s'il veut lutter contre ses nombreux confrères, de se conformer à l'usage. Fût-il un Molière, je le défierais de percer la foule, s'il n'employait pour son propre avantage l'intrigue et le charlatanisme qui règnent aujourd'hui dans les théâtres et dans les journaux. Oui, telle est ma conviction sur ce point, que je me croirais obligé de dire au jeune homme qui se trouverait forcé d'écrire pour nourrir sa famille : Puisqu'il vous faut absolument de l'argent, vous n'avez qu'un moyen pour arriver à la fortune. Adoptez le genre romantique et suivez bien exactement mes conseils : qui sait ? vous deviendrez peut-être un grand homme, car c'est ainsi qu'on appelle aujourd'hui l'auteur qui réussit dans ce nouveau genre. Dans mon jeune temps on y regardait à deux fois pour immortaliser les gens de lettres; mais on n'avait pas la recette que je vais vous donner pour faire de grands hommes.

1° Ne vivez point isolé ; répandez-vous au contraire beaucoup dans les sociétés ; et tâchez de vous affilier à ces coteries, à ces bureaux d'esprit du grand monde, qui vous défendent et vous prônent quand même.

2° Essayez de devenir l'intime ami du propriétaire d'un grand journal qui ait soin d'entretenir le public de vos moindres faits et gestes, et qui vante d'avance les ouvrages que vous n'avez point encore faits.

3° Quand un ouvrage de vous paraîtra, pour être bien certain que l'on vous a traité selon vos mérites, vous prendrez la peine de faire vous-même vos articles dans les journaux qui vous sont dévoués. Surtout ne soyez retenu par aucune fausse honte ; donnez-vous les plus grands éloges. Certains hauts personnages de la littérature moderne n'en agissent pas autrement.

4° Si, par tous ces moyens honorables, vous devenez un personnage assez important pour que votre grand nom puisse servir d'égide à d'autres petits noms, ayez l'attention, dans tous les ouvrages que vous composerez, de vanter beaucoup tous ces petits grands hommes de votre façon, afin qu'ils vous rendent, comme on dit trivialement, la monnaie de votre pièce, en vous citant à leur tour dans tous leurs petits écrits.

5° Une chose très-importante encore : ne manquez pas d'être très-sévère dans le jugement que vous porterez de vos prédécesseurs ; écrasez surtout cette littérature de l'Empire si insignifiante et si ridicule. Plus vous rendrez petits tous ces vieux auteurs et plus vous grandirez à vos propres yeux. Cela fait toujours plaisir de se croire bien plus grand que ses rivaux.

6° Attendu que dans certaines coteries on ne peut avoir de talent lorsque l'on a des mœurs, ne manquez pas d'être original et vicieux par système.

Nous avons vu ce qu'ont produit sur nos jeunes romantiques les mœurs de lord Byron. Ses imitateurs nous ont prouvé cent fois, par leur conduite et leurs écrits, que rien n'était plus ridicule et plus bourgeois que le bon sens et la morale.

7° Quand vous donnerez la première représentation d'un grand ouvrage dramatique, imposez au directeur la nécessité de vous abandonner la salle entière. Ne la remplissez que d'un public qui ait épousé vos doctrines et qui soit disposé d'avance à vous admirer. Seulement, ayez soin que vos claqueurs soient un peu propres dans leurs habits, un peu modérés dans leurs gestes et leurs cris, afin qu'ils n'aient pas l'air d'essayer une émeute en votre faveur.

8° Après votre premier succès, lors même qu'il aurait été contesté par les amateurs du vieux théâtre, vous vous remettrez à l'œuvre avec plus d'ardeur; et dès que vous aurez composé votre nouvel ouvrage, ayez l'attention, lorsque vous irez le lire aux comédiens, de vous faire accompagner par une douzaine d'amis ou plutôt d'admirateurs qui se pâmeront d'aise et feront chorus de bravos en vous écoutant. Les comédiens, entraînés par l'enthousiasme de ces étrangers, s'empresseront de recevoir votre drame avec acclamation. Ah! si au milieu de vos néophytes romantiques, vous parveniez à glisser un membre de l'Académie française, vous pourriez peut-être un jour, grâce à ce parjure à ses dieux, vous faire initier dans leur temple. Car enfin, quelque mépris que l'on ait pour ceux qui le desservent, on n'est pas fâché d'avoir sa part des sacrifices.

9° Quand vous vous serez établi en maître dans le théâtre, vous exigerez que l'on foule aux pieds la loi commune à tous les auteurs. Les règlements qui fixent leurs honoraires seront détruits pour vous seul. Vous exigerez des primes avant la représentation, une gratification avant le lever du rideau; plus, des engagements pour jouer vos pièces, quand bien même elles déplairaient au public. Surtout ne vous arrêtez jamais dans vos prétentions : les comédiens, séduits par tout ce que vous leur direz de votre immense talent, n'auront rien à vous refuser; et si par hasard vous vous intéressiez à quelques jolies personnes, qui eussent le désir d'avoir part à la munificence d'un théâtre subventionné par le gouvernement, vous les ferez engager comme actrices, à condition qu'elles ne joueront point ou qu'elles joueront mal (1).

10° Comme, dans vos intervalles de travail, il faudra vous rappeler au souvenir du public, qui est toujours prêt à oublier son idole, vous verrez si vous

(1) S'il en était ainsi, l'administration du Théâtre-Français se montrerait tout à fait complaisante et maternelle.

n'avez point à faire quelques réclamations devant les tribunaux. Cela peut devenir très-avantageux pour vous. En présence de la cour, on se fait donner des éloges par son avocat, puis on pose devant le public, on parle, on développe ses connaissances financières, on attaque ses rivaux, ses adversaires, qui, restés muets à l'aspect d'un grand homme, sont les premiers à reconnaître sa supériorité.

11° En vous parlant des mœurs de lord Byron, j'ai oublié de vous dire qu'il fallait bien vous garder de donner un but moral à vos ouvrages. Point de succès sans immoralité. De plus, on pourrait vous accuser d'être classique. Je vous avertis encore que, quel que soit le sujet que vous traitiez, soit l'inceste, soit le viol (sujets très à la mode), il ne faut pas manquer d'y introduire des courtisanes et des bourreaux, avec l'accompagnement ordinaire de processions, de cloches funèbres et de chants de mort. De nos jours vous n'avez point d'autres moyens d'arriver au sublime.

12° Quant à votre manière de penser en politique, ne craignez rien. Elle n'influera point sur votre destinée. Un grand auteur peut avoir toutes les opinions, excepté celle qui convient au gouvernement constitutionnel : qu'il soit vendéen, carliste, napoléoniste, républicain, il n'importe, pourvu qu'il reste ferme dans ce principe de n'avoir d'opinion que celle qui peut lui être favorable dans le moment; et si le poëte est bien inspiré, tôt ou tard, honneurs et fortune lui tomberont du ciel.

Je pourrais encore ajouter beaucoup d'autres conseils à ceux-ci; mais je crois qu'en se servant délicatement de tous ces petits tours d'adresse, on peut se fabriquer une gloire bien conditionnée et à laquelle il n'y aura rien à reprendre que la manière dont on se la sera procurée.

Ce sont pourtant tous ces moyens de charlatanisme et d'intrigue qui ont amené la décadence du Théâtre-Français et son envahissement par la secte romantique. Ne croyez pas, monsieur le Ministre, que je cherche à charger le tableau en présentant les partisans de la nouvelle doctrine comme des sectaires ardents. En s'emparant, de vive force, du théâtre, sous la protection d'un commissaire du gouvernement, qui leur était dévoué, ils n'ont fait que se conformer au plan qu'ils avaient arrêté dans leurs réunions particulières. Leur plus célèbre sectaire, ou plutôt l'Omar d'un certain prophète (1), explique naïvement, dans un article du journal *la Presse*, comment il a fait le siége du Théâtre-Français. Mais avant d'en venir à cette singulière citation, je dois, comme historien, raconter les événements qui me firent abandonner la

(1) Je crains qu'il ne naisse bientôt un schisme entre ces deux célèbres sectaires. Si j'étais forcé de renier mes dieux, je suivrais plutôt Omar que Mahomet.

carrière où le public n'avait pas cessé de m'encourager. L'influence romantique du nouveau commissaire du gouvernement ayant complétement changé l'opinion des comédiens sur le genre de littérature qui devait contribuer à la fortune et à la gloire du théâtre, on dédaigna bientôt les anciens auteurs; on fit plus, on les outragea, comme je vais le prouver par mon exemple.

Ce commissaire du gouvernement, installé depuis quelques années, sous les ordres de *M. le chargé* des théâtres (1), tout imbu des nouvelles doctrines littéraires qui régnaient alors sur les boulevards, crut avoir trouvé une mine d'or en les introduisant sur la scène des Corneille et des Molière. Sans doute, quoi qu'on en ait dit, il était de très-bonne foi, et il croyait, en protégeant les jeunes auteurs de la nouvelle école, et en usant de l'autorité de son chef pour faire jouer les pièces de ces nouveaux venus, avant celles des anciens, doubler les recettes des comédiens. Je l'ai cru d'autant plus de bonne foi, qu'il était intimement lié avec les chefs de la secte, et que, séduit par eux, il avait à son tour séduit les comédiens. Et qui n'aurait pas cédé à ce concert unanime d'éloges répandus dans les journaux ? Ce genre de littérature ne plaisait tant

---

(1) C'était le titre donné à un grand seigneur chargé de la direction de tous les théâtres royaux.

aux jeunes gens, que parce qu'il était très-facile de s'y faire un nom. Aussitôt après l'entrée de ces auteurs nouveaux, les anciens auteurs furent, comme je l'ai déjà dit, repoussés avec insulte et mépris. Point de grâce pour les vivants, c'est dans l'ordre ; mais ne pas épargner Racine et Voltaire !... Et ce temps de démence a duré plus de dix ans.

C'est pendant cette période d'anarchie que tous les règlements furent violés, qu'il n'y eut plus de tour de représentation pour les vieux auteurs, et que la volonté seule du chargé des théâtres fit loi.

Sur ces entrefaites, j'appris que les comédiens venaient de substituer à l'une de mes pièces qui devait entrer en répétition, le grand drame d'un auteur romantique. Indigné de cet outrage, de cette injustice de la part des comédiens, à la fortune desquels j'avais si longtemps contribué par mes travaux, je retirai tous mes ouvrages de leur théâtre pour les porter à l'Odéon. Les comédiens, soit qu'ils pensassent qu'un si grand nombre de pièces ôtées de leur répertoire pût être nuisible à leurs intérêts, soit qu'ils craignissent que dans mon émigration je n'entraînasse d'autres auteurs, vinrent chez moi me proposer d'acheter tout mon théâtre. Je fis alors ce que fit le bon Ducis dans une circonstance à peu près semblable, et je leur cédai toutes mes pièces, au nombre de dix-huit, qui avaient été jouées avec succès, pour une rente de 4,000 francs pendant neuf ans. Cet arrangement, approuvé par leur conseil et le gouvernement, a eu son exécution.

En portant mes ouvrages à l'Odéon, il n'entrait pas dans ma pensée de nuire au théâtre, mais je devais céder à la nécessité. J'avais vu les changements qui s'étaient opérés dans l'opinion littéraire des comédiens. Tous étaient épris de la nouvelle doctrine, et ils déclamaient hautement contre tous les auteurs qui avaient contribué à la réputation et à la fortune de leurs prédécesseurs. En les écoutant parler, en voyant les dépenses en décorations qu'ils se préparaient à faire pour les pièces du nouveau genre, je prévis quel serait leur sort et le mien, et ne tenant plus par aucuns liens au théâtre, j'abandonnai la carrière et je restai spectateur désintéressé de toutes les extravagances dramatiques qui, depuis dix ou douze ans, ont, selon moi, déshonoré la scène française.

Les romantiques, afin d'assurer leurs succès, ne négligèrent aucun moyen. Comme le luxe des décorations et des habits avait une grande influence sur les spectateurs des boulevards, on ne vit plus, dans les nouvelles pièces jouées aux Français, que des palais dorés, des habits du plus grand prix. Une seule cuirasse coûtait des 1500 francs. En réfléchissant à tant de folies, je me rappelai quelle était à ce sujet l'opinion des anciens sociétaires. Ils disaient avec raison : Le Théâtre-Français ne doit point offrir un spectacle pour les yeux ; c'est par d'éloquentes pensées, par le charme de la diction, par l'élégance de la poésie, et par le talent de ses acteurs, qu'il doit conserver la supériorité qu'il s'est acquise. Et telle était à ce sujet leur conviction, qu'ils disaient à un auteur qui exigeait des décorations : « Nous ne dépenserons que tant pour votre pièce : si voulez plus de faste, brillez à vos dépens. »

Mais les comédiens d'aujourd'hui ne sont plus ce qu'ils étaient autrefois ; ils n'ont pas vu ou n'ont pas voulu voir le charlatanisme qui accompagnait la nouvelle secte. Les journaux prédisaient leurs richesses à venir, vantaient la pompe de leurs décorations, et ils ne songeaient pas que toute cette pompe et ces beaux habits ne cachaient que de petits héros, qui parlaient un langage qui paraîtrait bien trivial dès que leurs habits seraient usés et les décorations flétries. La raison seule, la noblesse de la pensée, la vérité des caractères et de l'action ne se flétrissent jamais.

Le traité que les comédiens étaient venus m'offrir devait, dans leurs idées, me réduire à l'inaction. En effet, je leur avais fait tant de mal ! Mais complètement séduits par les auteurs de nouvelle fabrique, à leurs yeux je n'étais plus de mode, j'étais un académicien, enfin un vieux classique (1) bon à mettre à mort, comme on me le criait aux oreilles à certaine représentation.

Cependant, ennuyé de mon oisiveté, je repris la plume, et dans l'espace de huit ans je composai deux ouvrages, dont l'un est *le Tasse*, qu'ils jouèrent presque malgré eux, et qui, malgré eux, leur *fit de l'argent*, comme on le dit en termes de théâtre.

Plus tard je composai *le Testament*, qu'ils refusèrent, et que le public accueillit en dépit d'eux-mêmes. Ce refus me surprit d'autant plus que, sur cinquante ouvrages que j'ai lus sur tous les grands théâtres de la capitale, c'était la première fois que j'avais éprouvé ce désappointement. A l'époque où je donnai ce dernier ouvrage, *le commerce* littéraire s'était réuni au romantisme, et ne permettait à aucun ouvrage de faire un long séjour sur la scène; aussi la pièce fut-elle abandonnée après une quinzaine de représentations.

J'avais bien eu l'envie d'y faire jouer une nouvelle pièce reçue autrefois avec acclamation, et que des circonstances indépendantes de ma volonté avaient empêché de représenter; mais le jour de la répétition, deux rôles me furent renvoyés par deux sociétaires, sans autre cérémonie... Humilié

---

(1) Par respect pour le public et pour moi-même, j'adoucis les expressions. Dans le style de ces messieurs, nous étions des ganaches, des perruques, des fossiles.

de cette insulte, je repris ma pièce et je dis en me retirant : Y a-t-il une administration ? Où donc est la bonne foi, la reconnaissance ? où donc est le Théâtre-Français (1) ?

Certes, j'aurais pu, comme tant d'autres auteurs, leur faire un procès, exiger des indemnités; j'aurais pu le faire avec d'autant plus de raison que je savais que commerçants et romantiques exigeaient et obtenaient des primes de mille francs par acte, pour chacune des pièces qu'ils lisaient au théâtre. Mais en y réfléchissant, je me suis rappelé que j'avais été l'ami de leurs prédécesseurs, et qu'en ajoutant à leur embarras, c'était leur déclarer une guerre impie. Non, me suis-je dit alors, je dois les éclairer et non pas les combattre. J'ai donc mis ce dernier ouvrage au rang de mes ouvrages posthumes.

Et pourquoi d'ailleurs aurais-je tourmenté les comédiens ? n'étaient-ils pas excusables de toutes les fautes dans lesquelles on les avait entraînés. Le seul coupable était M. le chargé des théâtres qui, en commettant toutes les injustices, en violant tous les règlements, en permettant aux sociétaires de se

---

(1) Je montre sans doute bien de la faiblesse en racontant les outrages que m'ont fait éprouver, depuis deux ans, les comédiens français; mais on me pardonnera cet excès de sensibilité si l'on veut bien se rappeler que, pendant plus de trente ans, je n'avais reçu de leurs prédécesseurs que des preuves d'estime et de considération.

ruiner par des décorations, en consentant à donner aux nouveaux auteurs les sommes qu'ils exigeaient avant la représentation, en leur livrant, pendant trois représentations, la salle entière pour leur faciliter les moyens de monter leur cabale et assurer leur succès, a produit tout le mal. Enfin les comédiens français ne sont qu'à plaindre, et M. le chargé des théâtres et ses lieutenants sont les seuls justiciables qu'on doive accuser.

Si, depuis, les directeurs ont suivi l'impulsion donnée par leurs prédécesseurs, s'ils ont vendu les billets à vil prix, s'ils ont encore continué d'avoir un régiment de claqueurs à leurs frais pour nous créer une bonne littérature, c'est que, lorsqu'une grande administration est sortie des voies de la raison et de la justice, il est très-difficile de l'y faire rentrer sans une catastrophe, et tôt ou tard cette catastrophe doit arriver.

Maintenant que j'ai constaté l'état du théâtre pour ce qui m'était personnel, et les petites humiliations que m'ont fait éprouver les comédiens, je dois revenir aux moyens que la secte romantique a employés pour détruire l'ancien théâtre de Molière, et y faire régner cette littérature désordonnée qui blesse tout à la fois les mœurs et le bon goût.

Que les auteurs que je me vois forcé de désigner ici comme les chefs de la nouvelle doctrine, ne croient pas que mon intention soit de leur contester les talents qu'ils ont reçus du ciel, et dont ils auraient donné de bien meilleures preuves s'ils ne s'étaient pas dévoués à l'exécution du plan que l'on avait arrêté, peut-être dans des idées politiques, de renverser cette littérature philosophique qui faisait applaudir le Tartuffe avec fureur et toutes les pièces qu'on accusait alors du crime d'avoir causé la grande révolution.

Si la chose n'est pas vraie, du moins on a pu le dire, et même on a pu le croire, quand on a vu le gouvernement d'alors, qu'on appelait *jésuitique*, violer tous les anciens règlements, récompenser par de l'argent ou de la considération tous ceux qui portaient au théâtre un genre d'ouvrages propre à écarter cette société instruite qui veut trouver dans tout œuvre dramatique les charmes d'une diction pure et les délicatesses d'un beau langage.

Oui, j'ai toujours regretté de voir des jeunes gens qui avaient reçu du ciel ce qui fait les grands écrivains, l'imagination et la chaleur, se jeter dans une fausse route, et avoir recours à des nuées de cabaleurs pour dérober des applaudissements qu'ils obtiendraient bien légitimement, si, dans leurs compositions dramatiques, ils voulaient compter pour quelque chose la raison ou même le simple bon sens.

Revenons à l'attaque des romantiques, et faisons

expliquer par l'un d'eux, la manière dont ils s'y prirent pour faire le siége du Théâtre-Français.

(*La Presse*, 3 juillet 1836). « Le peuple assistant
« aux représentations de l'ancien théâtre se trouva
« étrangement surpris, lorsqu'il vit s'ouvrir des
« palais dans lesquels il lui était défendu d'entrer,
« régner des dynasties qu'il n'avait point reconnues,
« s'accomplir des révolutions auxquelles il n'avait
« pas pris part. Il commença par sourire dédai-
« gneusement, écouta quelque temps avec impa-
« tience, et finit par crier de sa place : Ce n'est
« point ainsi que les événements se préparent, mû-
« rissent et tombent; donnez-nous autre chose.

« A cette voix, les jeunes gens ouvrirent les yeux,
« et les vieillards se bouchèrent les oreilles; quant
« à la masse elle attendit. C'est qu'il est des pré-
« jugés d'enfance que l'on prend pour une croyance
« sainte, des autels dont les dieux se sont envolés,
« et où l'on continue d'adorer la présence réelle
« des idolâtries folles dont on s'est fait une reli-
« gion raisonnée. Le respect qu'on avait pour Mo-
« lière, Corneille et Racine, fut quelque temps
« encore exploité par leurs prétendus successeurs;
« les prêtres continuèrent de desservir le dieu,
« afin de vivre des frais du culte.

« Qu'arriva-t-il ? les temples devinrent déserts,
« et on parla de les fermer. C'est alors que se
« *présentèrent les missionnaires* de la religion nou-

« velle. Shakspeare leur avait légué son évangile,
« et ils venaient, pauvres et nus comme les pre-
« miers apôtres, *semer la parole du maître*. Les
« Voltairiens demandèrent que l'on crucifiât saint
« Pierre et que l'on pendît saint Paul. Heureuse-
« ment nous vivions sous un Claude et non pas
« sous un Néron.......Aussitôt, tout ce qui était
« jeune et vigoureux se rallia autour de la croix
« nouvelle. Les martyrs qu'on était prêt à jeter
« aux bêtes furent emportés en triomphe hors de
« l'amphithéâtre, on donna *des chaires à ceux qui*
« *prêchaient sur la borne*, les disciples se firent
« soldats, *des chefs furent élus*, on marcha contre
« les places fortes de la rue Richelieu et du boule-
« vard Saint-Martin. Les unes furent *prises d'assaut*,
« les autres par *capitulation*. On y plaça bonne
« garde pour défendre les poternes et veiller sur
« le drapeau, et *l'exercice du nouveau culte litté-*
« *raire fut non-seulement admis, mais reconnu* (1). »

(1) Il fut reconnu, comme on a reconnu depuis, à quel point les romantiques étaient extravagants. Qui de nos jours ne se rappelle le succès du premier drame romantique joué au Théâtre-Français. Tous les jeunes sectaires du nouveau culte éprouvèrent un tel accès d'orgueil et de joie, que, comme des fous, ils dansèrent dans le foyer, en s'écriant, *Racine enfoncé! Voltaire enfoncé!* Leurs transports ne s'arrêtèrent pas là. Afin de ne plus voir, de ne plus entendre parler de nos grands hommes, ils voulurent jeter tous leurs bustes par les fenêtres. O sottises de l'orgueil !

On le voit, de l'aveu même de l'un des plus célèbres sectaires de la doctrine romantique, on s'est emparé de vive force du Théâtre-Français. Au moins si le siége, fait dans toutes les règles et d'après les combinaisons les plus savantes, eût tourné au bénéfice de l'art, s'ils avaient fait quelques grandes découvertes dans le vaste champ de l'imagination ; mais non, ils ne nous ont offert qu'une imitation souvent burlesque des théâtres étrangers.

Cependant je suis bien loin de condamner les essais que peut tenter le génie ; car on peut arriver au même but en suivant des chemins différents. Mais voyons quel est le résultat des grands efforts de la secte nouvelle : c'est d'avoir détruit les illusions, le respect attaché à notre ancienne littérature. Et si un reste de bon goût dans quelques hommes instruits de la société, lutte encore contre

---

A propos *de Voltaire*, tout le monde sait que ce grand homme était en horreur parmi les fanatiques du romantisme. Leur chef dit un jour, en ma présence, que Voltaire n'avait pas fait *dix bons vers dans sa vie.* Il est vrai que les vers du patriarche ne sont pas des vers de la nouvelle école.

Un autre romantique, auteur d'une seule tragédie oubliée, dit un jour à M. Parseval Grandmaison, *qu'il ne signerait pas Mérope.* Parseval, indigné, lui cria dans sa colère originale : *Rétractez-vous vite, monsieur, ou demain je vous perds de réputation.*

les tentatives de la secte, c'est que les nouveaux ouvrages, dénués de charmes, n'ont pu triompher de la délicatesse qui a toujours distingué la nation française (1). Oh! combien dans ces temps de crise, peu de temps après le siége du théâtre, j'ai gémi de l'indifférence que montrait le gouvernement pour un art qui a une si grande influence sur les mœurs du peuple. Cette influence du théâtre sur les mœurs ne peut être contestée; nous en avons des exemples récents : à qui doit-on ces héros de galères, ces fanfarons du crime qui, frappés par la loi, périssent en héros sous le coup d'un arrêt infamant, si ce n'est à ces ouvrages dégoûtants où l'on vous montre le voleur et l'assassin riant, plaisantant et faisant parade de leurs crimes? Quelle leçon la jeunesse peut-elle retirer de pareils jeux scéniques ?

(1) Ordinairement c'est le temps, et un long temps qui amène des changements dans la langue et dans la littérature; mais dans la tentative de la révolution romantique, tout s'est exécuté spontanément. Il semblerait que tout était préparé d'avance par les novateurs. Dès que le commissaire du gouvernement eut aidé à faire le siège du théâtre, les congrégations se réunirent; les sectaires, qui précédemment prêchaient sur la borne, prirent possession de leur chaire, et, comme ils le dirent eux-mêmes, Shakspeare à la main, proscrivirent tous les anciens maîtres de la scène; cependant, après quelques années de succès, par pitié pour la France, ils voulurent bien excepter de la proscription *Molière* et *Corneille*.

Si, dans leurs ouvrages, nos anciens auteurs ne cherchaient pas toujours un but moral, ils se gardaient au moins de mettre leurs personnages dans des situations plus qu'équivoques; ils jetaient un voile sur la nudité de certains tableaux, ou, comme Beaumarchais, se la faisaient pardonner à force d'esprit. Et pourquoi les auteurs de la nouvelle école (cette école monstrueuse de grossières voluptés et de crimes) n'ont-ils pas opposé, dans leurs productions, quelques vertus aux vices? pourquoi n'ont-ils pas fait excuser leur hardiesse en faisant préférer, par des détails moraux et consolants, une infortune vertueuse au vice heureux et triomphant? Mais non, dans nos ouvrages du jour, dans nos drames, dans nos comédies, à quelques exceptions près, tout est odieux, tout est cynique; vous passez du boudoir à l'assassinat, du vol à l'adultère, du viol à l'inceste; jeunes filles, mères, amants, pères, époux, tous sont flétris, déshonorés, prostitués dans les détails comme dans l'ensemble de ces bizarres et dangereux ouvrages.

Les romantiques, en assiégeant le Théâtre-Français, après avoir pris la précaution d'en expulser les anciens auteurs, grâce à l'adresse du commissaire du gouvernement qui les avait aidés à s'introduire dans la place, jouirent paisiblement de leur conquête pendant quelques années. J'ai dit paisiblement, et j'ai eu tort. Chaque nouvel ouvrage qu'ils livraient au public excitait les plus vives tempêtes. En vain les partisans du genre nouveau, en vain plusieurs journaux s'évertuaient à célébrer les productions des triomphateurs, les bons bourgeois de Paris, qui s'attendaient à des merveilles, s'ennuyèrent de ne voir sur le théâtre qu'une très-mauvaise compagnie, richement logée et richement vêtue, à la vérité, mais dont le langage ne ressemblait en rien à celui des princes et seigneurs qu'ils avaient autrefois admirés. Aussi, le théâtre, malgré tous les efforts du charlatanisme, bien loin de voir renaître ses beaux jours, tomba dans une décadence complète; obéré par les dépenses que l'on avait faites pour donner de l'éclat au nouveau genre, il aurait succombé si l'État ne fût venu à son secours.

Les comédiens, alors moins entichés de leurs doctrines nouvelles, revinrent, mais bien doucement, à quelques ouvrages du répertoire ancien. Ils virent avec étonnement que le public, qui n'était plus pourtant celui d'autrefois, préférait encore ces vieux ouvrages classiques à cet amas de héros du moyen âge qui parlaient et agissaient tout à fait comme des brigands. Cependant les romantiques, toujours maîtres de la place, se trouvèrent pris tout à coup par la famine, et la brèche qu'ils avaient faite au théâtre servit à y faire pénétrer une autre secte ennemie bien plus aimable et bien plus joyeuse.

Les productions de cette secte, presque aussi anciennes que les comédies de Molière, sont connues sous le nom de *vaudevilles*. Ces enfants de la joie portaient autrefois sur leurs enseignes le fifre et le tambourin; maintenant, dégénérés, ils y ont joint le poignard et la couronne. C'est sous cet étendard que, profitant de la brèche faite par les romantiques, ils se sont rendus maîtres de la place, et que les romantiques n'y viennent hurler leur prose qu'avec leur permission.

Sans doute, ces nouveaux hôtes, plus spirituels et plus aimables que leurs prédécesseurs, pourraient s'y soutenir avec quelque avantage, si leur grand nombre et l'ardeur du pillage ne les forçaient à se détruire eux-mêmes. Déjà enrichis par des irruptions sur d'autres théâtres, ils se montrent insatiables, et ne croient leur fortune bien établie que lorsqu'il ne reste plus rien à prendre. Pour se rendre plus redoutables, ils forment de nombreuses associations qui embrassent toute la surface de la France. Ils ont leur comptoir et leurs correspondants; ils entreprennent tout, excepté les ouvrages en vers, et il ne se dit pas un bon mot, ou il ne se fait pas un drame en province, qui ne puissent être escomptés sur l'heure chez le plus riche banquier de ces associations.

Aussi, bien loin de blâmer ceux qui font fortune au commerce théâtral, je me repens de n'avoir pas deviné le grand changement qui s'est opéré dans les esprits, de n'avoir pas deviné que l'industrie étant en honneur, que la délicatesse et non l'or étant une chimère, je devais sacrifier tout au désir d'amasser de l'or.

Comme je dois au ciel le goût du travail et une grande facilité, j'aurais pu suffire à toutes les commandes; j'aurais entrepris, avec les différentes compagnies que j'aurais formées *sous ma raison*, tout ce qui aurait concerné mon genre, très-étendu dans le classique et même dans le romantique; je n'aurais rien trouvé ni au-dessus, ni au-dessous de mon talent, et, toujours guidé par le noble désir de gagner beaucoup, je serais quelquefois descendu de la hauteur du vaudeville aux froides combinaisons de la scène française, et de l'éclatant prestige de l'opéra à la légèreté piquante du ballet et de la pantomime.

Ma réputation d'homme universel une fois bien répandue, toutes les administrations se seraient empressées d'accourir vers moi pour se procurer mes produits; c'est alors que j'aurais exigé des primes des directeurs et des compositeurs; enfin je n'aurais rien négligé de ce qui aurait pu augmenter ma fortune et ma réputation. Ce n'est pas tout: comme la soif d'acquérir augmente en raison des soins qu'on se donne pour la satisfaire, après avoir mis tous les théâtres de Paris dans ma dépendance, j'aurais voulu y mettre tous leurs auteurs, et même tous ceux de la province; enfin j'aurais appelé à mon comptoir tous les producteurs de la France.

> .... Et comme il n'est si mince coterie
> Qui n'ait son bel esprit, son plaisant, son génie...
> GRESSET.

je me serais enrichi tous les ans de deux ou trois cents pièces qui n'auraient attendu que la fabrication de mes quarante associés, et le cachet du maître qui aurait suffi pour les rendre immortelles. Quoiqu'on le sache bien maintenant, je le répète encore, l'argent est le mobile et la mesure de tout. Si l'on disait autrefois : « Molière vaut à lui seul *Plaute* et *Térence*, » on aurait dit de moi : « Cet auteur-là vaut à lui seul cent mille livres de rente. »

Quelque vieux que je sois, j'éprouve un doux transport à ce rêve de fortune et de gloire. Oui, je me vois dans mes magasins d'esprit, au milieu de mes vastes cartons remplis des plus riches produits de la province, classés par numéros et par départements; je me vois, dis-je, réunir les grandes idées de Pontoise avec les traits piquants de Quimper-Corentin. Quel travail sublime de retirer de cet immense fumier les perles précieuses que, comme le premier arrangeur du monde, moi seul aurais eu le droit de monter et de mettre en œuvre !

Mais si, toujours plus ambitieux de gloire et d'argent, je m'étais avisé, en méprisant toute loi de convenance et de délicatesse, d'aller, comme un effronté plagiaire, piller les vivants et les morts (1), ou si, de plus en plus esclave d'une insatiable cupidité, j'avais osé, par d'indignes tableaux, faire rougir le front des honnêtes gens, aurais-je donc à m'applaudir de mes succès, de mes traités, de mes primes, de mon immense fortune? et le beau caractère d'un véritable homme de lettres n'en souffrirait-il pas? Ah! sortons vite de ce rêve brillant; moins d'argent et plus de considération; mieux vaut mourir pauvre que de renoncer, je ne dirai pas, au temps où nous vivons, à l'estime publique, mais à l'estime de soi-même et de quelques vrais amis des lettres.

Je vous ai représenté, monsieur le Ministre, l'état du Théâtre-Français tel que je l'ai vu il y a un demi-siècle; j'ai parlé avec admiration des talents des acteurs qui le composaient; je me suis permis de dire que la littérature à la mode de ce

(1) Le plagiat, qui autrefois déshonorait un auteur, est maintenant chose très-louable, puisqu'il enrichit le voleur. Et comme il n'y a point au Parnasse de carcan pour les forbans littéraires, ils ne respectent plus rien. Ils prennent de nos vieux auteurs le fond et les idées de leurs pièces, mais ils se gardent bien de toucher aux titres. J'ai contribué pour une bonne part à la réputation et à la fortune de ces honnêtes gens.

temps-là, sauf quelques exceptions, n'offrait que la peinture des mœurs galantes et efféminées ; j'ai ajouté que Beaumarchais seul, par la vivacité et la hardiesse de son pinceau, avait flétri cette société élégante qui alliait le calembour aux raisonnements philosophiques, et qui préférait depuis longtemps un vice à un ridicule ; je vous ai peint, en peu de mots, la chute de cette société de bon ton, les comédiens incarcérés, et des barbares, armés du glaive de la loi, forçant et les auteurs et les théâtres à jouer, sous peine de mort, les seuls ouvrages qui pouvaient convenir à leur affreux système.

De là, passant à un temps plus propice, je vous ai fait voir l'empereur réunissant le Théâtre-Français au Théâtre de la république, faisant revivre par sa protection, son goût et ses encouragements, les anciens ouvrages de nos beaux temps de la littérature. Sans doute vous n'avez point oublié ces beaux spectacles de votre jeunesse, dont Molière et Racine faisaient tous les frais ; vous devez vous rappeler encore que les ouvrages des auteurs mes contemporains, qui sont maintenant mes confrères à l'Académie, partageaient, avec les chefs-d'œuvre de nos anciens maîtres, l'honneur d'enrichir la littérature et les comédiens. Ah ! qu'il était noble et beau ce théâtre qui ne devait rien alors à la munificence de la nation ! combien l'empereur se glorifiait de cet ensemble dramatique qu'il présentait avec orgueil à l'admiration des rois!

Je n'en dirai pas plus sur ce théâtre qui a laissé à peine chez quelques hommes des souvenirs de sa grandeur et de son éclat.

Je crois vous avoir expliqué, monsieur le Ministre, à quelle circonstance nous devons sa décadence et sa chute. Je dis sa chute, car, sans le gouvernement qui le soutient encore, il n'existerait plus depuis longtemps. Vous avez vu comment, sous un commissaire du gouvernement tout dévoué aux nouvelles doctrines, on avait expulsé du théâtre tous les hommes qui, pendant trente ans, l'avaient rendu riche et florissant. Les romantiques eux-mêmes vous ont révélé comment ils avaient fait le siége du théâtre, et comment ils avaient prêché sur la borne l'évangile de *Shakspeare*. Mais, hélas! malheureusement pour eux, leur évangile a fait peu de prosélytes, et les auteurs du vaudeville, qui sont entrés dans la place par la brèche que les romantiques y avaient faite, y règnent maintenant presque en souverains. Aussi le Théâtre-Français, qui, autrefois, avait sa spécialité de noblesse et de grandeur, n'est plus qu'un composé des théâtres de la Porte-Saint-Martin et du Gymnase. On ne trouve plus au Théâtre-Français que le genre de pièces que l'on peut voir sur tous les théâtres de Paris. L'administration de la comédie française, pour se conformer en tout à ce nouveau genre, a mis de côté tous les anciens règlements, et ne reconnaît plus les anciens droits. Elle donne à certains auteurs des primes (1) pour qu'ils lui composent des ouvrages; elle fait des traités avec eux, par lesquels elle s'engage à jouer leurs pièces un certain nombre de fois, lors même qu'elles seraient repoussées du public (2). Enfin, cette administration, déjà ruinée, dépensera des 20 et 30,000 fr. pour faire passer quelque monstruosité dramatique, telle que.....etc. Mais comme il faut un succès au directeur, à la première représentation il place son armée de claqueurs (3); toutes les loges sont

(1) Prime est un mot magique qui veut dire bien des choses : un auteur reçoit des primes des administrations de théâtres, il en reçoit d'un compositeur qui veut avoir un opéra. Le taux de la prime s'étend depuis 1,000 fr. jusqu'à 10,000 fr., selon la réputation de l'auteur et l'étendue de l'ouvrage. Je connais un jeune compositeur arrivé d'Italie qui ne pourra pas parvenir à se faire connaître faute d'argent comptant. Oh! mon pauvre Della Maria, si je t'avais demandé cette somme, notre *Prisonnier* serait encore à faire; mais de mon temps le mot argent ne souillait pas nos jeunes bouches. L'amour de l'art et l'amitié seuls nous dirigeaient; j'en atteste les mânes des Catel, des Tarchi, des Dalayrac, des Boyeldieu, des Méhul, qui étaient à la fois et mes amis et mes collaborateurs.

(2) Ces traités amènent de bien singuliers procès. Un directeur de théâtre fait des sottises, les magistrats jugent d'après leur conscience et des pièces authentiques; et c'est le public qui est *condamné*.

(3) Ils sont, m'a-t-on dit, enrégimentés, et le métier de chef

distribuées selon ses caprices, les billets sont vendus à vil prix, on les trouve affichés dans tous les cafés, et l'ouvrage nouveau, si l'administration a bien fait tout ce qu'il faut pour le faire réussir, atteint, grâce à ce charlatanisme, un certain nombre de représentations qui ne tournent point au bénéfice des comédiens; car, en résultat, le chef-d'œuvre aura coûté, pour les décorations, les éloges achetés, les nombreux billets vendus, on ne sait comment, presque autant qu'il aura rapporté.

Il est bien difficile, quand le désordre est dans un établissement commercial, quand le pouvoir est partagé entre un directeur et des sociétaires, et surtout quand les intérêts d'amour-propre sont contraires aux intérêts de la société, que l'on marche dans des voies d'économie et d'amélioration.

Sans doute l'ancien Théâtre-Français était en société; mais une volonté ferme, une volonté de roi triomphait de toutes les humeurs, de tous les mécontentements.

L'empereur avait aussi conservé la société; mais il ne se faisait rien d'important au théâtre que par sa volonté, et le surintendant savait faire exécuter ses ordres.

Ainsi l'anarchie, les priviléges, les injustices

---

de la claque est si lucratif, que celui qui l'exerce, achète des maisons, dote richement ses filles et devient électeur.

n'ont vraiment commencé que sous monsieur le chargé des théâtres, qui, dévoué aux nouvelles doctrines, séduit par les sectaires qui l'environnaient, cédait à des influences qui ont été destructives du théâtre de la nation.

Depuis que le gouvernement s'en est mêlé indirectement, depuis que la chambre des députés a accordé des fonds pour essayer de lui rendre sa splendeur, on a pu espérer des améliorations; mais le mal était trop grand pour tenter même de le guérir. Le Théâtre-Français est un vieil édifice qui menace ruine de tous les côtés. Sa spécialité est détruite, sa noblesse et sa grandeur avilies, il ne lui reste de son éclat passé que son nom. Je suis certain que les moyens employés jusqu'à ce jour ne seront d'aucune efficacité, et qu'il ne reste plus qu'à détruire ce vieux monument pour le reconstruire, en se servant de ses débris, sur un plan nouveau.

Ce plan nouveau, je vais avoir l'honneur de le mettre sous vos yeux, non avec tous ses détails, cela me conduirait trop loin, mais je vous l'offrirai assez clairement dessiné pour que vous puissiez en reconnaître l'utilité.

Je crois devoir vous dire d'abord à quelle heureuse circonstance j'en dois la pensée.

Appelé par l'honorable bienveillance de Sa Majesté, avec beaucoup de mes confrères de l'Académie, à cette solennité de l'ouverture du musée de Versailles, je fus, comme tout le monde, étonné, émerveillé de la grande pensée qui avait engagé le roi à faire un si grand, un si noble sacrifice à son amour des arts, au désir qu'il a d'ajouter encore à la gloire de la nation, de rendre à une ville ruinée par l'excès de sa magnificence un genre d'industrie qu'elle obtiendrait des arts, un bien-être qu'elle devrait à la curiosité des étrangers et des nationaux. Dans ma juste admiration, je comparai le roi à un bon père de famille qui connaît bien le caractère de ses enfants, et qui sait que pour les satisfaire il faut joindre l'utile à l'agréable. J'admirai surtout cette manière aimable de les rendre connaisseurs en peinture, tout en leur apprenant l'histoire de France, tout en excitant leur enthousiasme pour tous les héros qui ont illustré notre belle patrie. Tout rempli des grandes pensées que faisaient naître en moi les tableaux qui remplissaient les salles et les galeries que j'avais parcourues, fatigué de l'excès de ma course et de mes pensées, je vins me reposer dans le petit salon des aquarelles. Là, après quelques instants de repos, mes idées se reportèrent encore sur le grand monument que j'avais admiré, et comme on ne peut penser à Versailles sans penser à Louis XIV, j'en vins tout naturellement à me rappeler Molière qui dut sa gloire et la prospérité de son théâtre à la munificence de ce grand monarque. Certes, me dis-je, si Louis-Philippe n'a pas fait pour le Théâtre-Français ce qu'il vient de faire pour la peinture, c'est qu'il n'a pas cru qu'il fût dans sa puissance de rendre de l'éclat à un genre de littérature qui marche sans guide et sans frein, de réformer les idées de ces auteurs qui, constants admirateurs du genre tudesque, croient trouver le génie dans l'immoralité et dans le mauvais goût de leurs conceptions. Sans doute le roi, toujours jaloux d'étendre le domaine des arts et de la pensée, ne déshériterait pas la littérature de ses augustes bienfaits, s'il pouvait trouver un moyen de redonner au Théâtre-Français son éclat passé. Toujours poursuivi de cette idée, malgré moi je m'écriai : Mais pourquoi Sa Majesté ne ferait-elle pas à Paris, pour la littérature, ce qu'elle a fait à Versailles pour la peinture ? Ces belles galeries nous font passer en revue tous les grands hommes et toutes les belles actions auxquelles ils ont dû leur gloire ou leur talent. Pourquoi Sa Majesté n'ordonnerait-elle pas aux chefs de ses théâtres de faire revivre sous les yeux des Parisiens tous les chefs-d'œuvre dramatiques qui ont honoré la haute littérature ? Dans l'espace d'un ou deux ans, on pourrait voir, par ordre chronologique, la pièce qui dans son temps aurait obtenu le plus de succès. Il en serait des ouvrages dramatiques comme des tableaux. Jamais cours de littérature dramatique ne pourrait être plus instructif. La tragédie, la comédie nous offriraient tout à la fois, dans un langage peut-être un peu vieilli, la poésie, les mœurs et l'esprit du temps. Tout les ouvrages créés sous Louis XIV passeraient sous nos yeux. La régence et le siècle de Louis XV nous apparaîtraient bientôt avec de nouvelles formes. Enfin nous arriverions au temps où nous sommes, et le public impartial pourrait juger tous les ouvrages avec connaissance de cause, et décider en même temps quel serait le genre auquel il donnerait la préférence.

Qnand j'ai dit un *public impartial*, je comprends que le Théâtre-Français serait rétabli sous une nouvelle forme, qu'il n'entrerait pas dans la salle un seul billet donné, et que cet établissement de claqueurs qui enrichit leurs chefs aux dépens des administrations et des auteurs, n'existerait plus, au moins au Théâtre-Français.

Entraîné par mes réflexions dans les développements encore obscurs de mon projet, je m'oubliai au point que je m'imaginai être un instant Ministre de l'intérieur. Vous excuserez, monsieur le ministre, cette audace; mais dans Versailles, dans ce lieu qui vit tant d'ambitions satisfaites ou trompées, dans ce lieu qui inspire mille idées de succès et de grandeur, il n'est pas étonnant que ses prestiges aient un instant troublé ma raison et renversé toute ma philosophie. Là, je me suis donc complétement oublié, et retiré dans mon petit coin sombre, me laissant aller à l'enthousiasme, je croyais dicter à mon secrétaire les principales bases de mon projet, que je comptais ensuite soumettre à Sa Majesté. Autant que je me le rappelle, voici l'arrêté qui a signalé mon ministère d'un instant.

«Considérant que l'art dramatique est complétement anéanti;

Que le Théâtre-Français a perdu sa spécialité;

Que la société instruite s'en est d'elle-même écartée; qu'à la place d'une harmonieuse poésie et de grandes leçons morales, on n'y retrouve plus que des monstruosités que le peuple repousse, même au boulevard;

Que la comédie, également dégénérée, a perdu ses larges conceptions, telles que nous les offraient les grands maîtres, et qu'à son genre poétique on a fait succéder le genre maniéré du vaudeville qui semble toujours appeler le couplet;

Que le charlatanisme, le plagiat, l'industrie littéraire ont enlevé au théâtre toute sa dignité, et que les auteurs nombreux qui travaillent encore, à force de produire ne produisent plus rien de grand et de vraiment beau;

Que les premières représentations seraient désertes si l'administration n'avait le soin de remplir la salle d'un public formé par elle et les auteurs;

Considérant enfin que cette administration, ruinée par les décorations, les primes, et toujours en butte aux procès par des traités inconsidérés ou des marchés ridicules, ne pourra, malgré ses efforts et les encouragements qu'elle reçoit du gouvernement, parvenir à rendre à ce vieil établissement sa première prospérité,

Arrête qu'il y aura un Théâtre-Français fondé sur une base plus large, plus élevée et plus solide.

Article premier.

Ce théâtre national et royal sera composé de toutes les personnes à talent qui composent encore aujourd'hui l'ancienne société.

Art. 2.

On exigera des comédiens actuels la dissolution de la société, en leur conservant tous les droits qui leur sont acquis.

Art. 3.

Ce théâtre, devant par son genre former le complément d'une éducation vaste et libérale, n'admettra dans son ancien répertoire que les pièces qui, par leur étendue, leur poésie, leur moralité, pourront contribuer à développer les sentiments qui doivent distinguer l'honnête homme et le grand citoyen.

Art. 4.

La comédie, par son genre aimable et satirique, contribuera, par la peinture des ridicules, à fustiger les sots et les méchants. Seulement, la mordante Thalie sera toujours vêtue avec bon goût, et rieuse sans être indécente.

Art. 5.

Comme il ne faut pas chercher à plaire seulement à la haute société, mais au peuple, on n'écartera de la scène ni les drames historiques ni les drames bourgeois.

Art. 6.

Personne n'ignorant que, depuis douze ans à peu près, jamais pièce n'a été jugée que par un public fait par le théâtre ou les auteurs, et qu'un succès toujours annoncé d'avance par les journaux n'est point un succès réel, il ne sera distribué à qui que ce soit aucun billet d'entrée. L'auteur seul obtiendra pour chacune des représentations de ses pièces une loge pour lui et sa famille.

Art. 7.

L'opinion du public sur les ouvrages nouveaux n'ayant jamais dépendu, comme il a déjà été dit, que des cabales qui ont essayé de faire triompher les nouvelles doctrines littéraires, on tentera de ramener le parterre à ce temps où un mot impropre, un faux vers blessaient son oreille. Mais comme ce public connaisseur manque tout à fait, on essayera de le recréer, en accordant deux cents entrées personnelles à des hommes de mérite à qui leur fortune ne permet pas de se procurer les plaisirs du théâtre. Ces personnes seront choisies parmi les gens de lettres, les jeunes professeurs de l'Université, tant dans les sciences que dans les lettres et dans les arts, parmi tous ceux qui ont obtenu les grands prix, et tous les lauréats de l'année. Ce complément d'une éducation libérale, qu'ils devront à leurs travaux et à leurs talents, ne peut manquer d'exciter l'émulation parmi nos jeunes étudiants. Leur jugement peut influer beaucoup sur le public, ainsi que le faisaient autrefois les opinions des amateurs éclairés du vieux théâtre.

Art. 8.

Comme le succès d'un théâtre dépend presque toujours du comité de lecture; comme tous les ouvrages barbares et immoraux qui ont contribué à la décadence du Théâtre-Français sont dus au désir que sept comédiens, abusés par de fausses doctrines, qui formaient alors le comité, avaient de gagner de l'argent; comme ils recevaient avec admiration des ouvrages que depuis ils ont été forcés de repousser de la scène; pour remédier à cet abus, le comité du nouveau Théâtre-Français sera composé de vingt-cinq personnes choisies parmi les gens de lettres qui ne travaillent pas pour le théâtre, par un certain nombre d'acteurs, et même par un certain nombre d'amateurs du théâtre, qui, par les relations qu'ils ont avec la haute société, peuvent donner d'utiles conseils à l'auteur, sous le rapport des formes en usage et des convenances sociales.

Art. 9.

Chaque membre du comité donnera son jugement écrit sur un bulletin; car enfin, lorsqu'on accepte ou qu'on rejette une pièce, il faut au moins appuyer son jugement par des observations qui puissent être utiles au théâtre ou à l'auteur.

Art. 10.

Les jours de représentation des pièces nouvelles seront fixés par des règlements ultérieurs qui seront débattus avec les auteurs.

Art. 11.

Pour encourager les jeunes auteurs qui travaillent pour le théâtre à se distinguer dans la haute littérature, il y aura tous les ans un prix de dix mille fr. pour la meilleure tragédie ou comédie en vers en cinq actes. Ce prix ne sera donné que deux ans après la première représentation. Le nombre des représentations, la quotité des recettes, et le jugement écrit de l'Académie française, constateront le grand succès. Ce prix sera d'autant plus facile à juger, que l'absence de tout billet donné à la nuée des claqueurs fera décerner le prix par le public, même avant le jugement de l'Académie.

On réglera ultérieurement des prix inférieurs pour les ouvrages en prose, soit drames, soit comédies.

Art. 12.

Les auteurs, découragés par la loi qui déshérite leurs enfants en faveur des comédiens, ne trouvant plus un bénéfice à essayer de grands ouvrages qui pourraient leur survivre, il sera présenté aux chambres une loi nouvelle qui portera au moins à cinquante ans la durée de leurs droits d'auteur. Il y aura dans cette loi humanité et justice; car enfin il est bien cruel pour un vieil auteur de savoir que, si quelques-uns de ses nombreux travaux devaient échapper à l'oubli, les comédiens s'enrichiraient de leur produit, au moment même où ses enfants pourraient mourir de faim; ce qui s'est vu chez les descendants des Corneille et de tant d'autres.

Art. 13.

Pour juger les contestations entre les acteurs et

les auteurs, il y aura un comité, ou plutôt un conseil qui décidera toutes les questions de droit et de règlement; il sera pourtant libre à la partie qui se croira lésée d'en appeler au ministre de l'intérieur.

Art. 14.

Comme le gouvernement ne peut se faire entrepreneur de théâtre, quoique Scipion n'ait pas dédaigné cet emploi, il pourra confier à un directeur de son choix l'administration du théâtre auquel il accorde une subvention; subvention qu'il sera peut-être nécessaire d'augmenter dans les premières années. Ce directeur dirigera le théâtre, sous l'inspection d'un commissaire du gouvernement qui le forcera de suivre les règlements, tant pour les acteurs que pour les auteurs, et veillera à la suppression de tout billet donné, seule cause de la perte de tous les théâtres.

Art. 15.

Par intérêt pour la haute littérature, et pour offrir au public une galerie curieuse à parcourir, on fera passer devant ses yeux, surtout les deux premières années, tous les ouvrages dramatiques qui ont obtenu, depuis Rotrou, le plus grand succès; on montera par ordre chronologique toutes les tragédies et comédies des maîtres de la scène. Le nombre n'en est pas aussi grand qu'on pourrait le penser, puisque les plus beaux ouvrages de nos premiers tragiques et de nos premiers comiques occupent encore la scène; mais quand même il faudrait deux ans pour parcourir cette intéressante galerie des anciens et des modernes, ces deux ans ne seraient pas perdus pour le plaisir et l'instruction (1). »

Ce dernier article terminé, je sortis de mon enthousiasme, et je me retrouvai Gros-Jean comme devant; cependant, tout en me rappelant confusément des idées qui m'avaient si fort occupé, j'en revins à la cause qui les avait fait naître. Oui, me dis-je, il ne serait pas impossible de ramener le public au bon goût, à la raison, de l'éclairer dans l'intérêt de ses plaisirs et de la morale; parmi ces tableaux animés des siècles passés, il choisirait ceux qui parleraient le plus à son cœur ou à son

---

(1) En attendant que ce projet s'exécute, s'il doit jamais s'exécuter, si j'osais émettre un vœu, ce serait celui de voir S. M. entourée de sa vertueuse famille, juger par elle-même lequel du genre classique ou romantique doit obtenir la préférence. Elle le pourrait facilement en faisant, dans ces mois de l'année qui lui laissent quelques loisirs, représenter sur l'un de ses théâtres trois pièces romantiques et trois pièces classiques d'auteurs vivants. Les classiques seraient d'autant plus enchantés de cette épreuve, qu'à ces représentations il y aurait nécessairement absence de claqueurs, et qu'ils auraient pour juges des hommes éclairés qui n'estiment la littérature dramatique qu'autant qu'elle peut être utile à la société, en rendant les hommes meilleurs.

esprit. Toute notre jeunesse instruite trouverait un attrait piquant à voir ces héros de tous les temps agissant et parlant dans leur vieux langage; elle comparerait, comme je l'ai déjà dit, les mœurs du temps passé à celles du temps présent, remarquerait les changements qui se sont introduits dans la langue, dans l'acception des mots, dans les usages; enfin il y aurait une agréable instruction pour tout le monde. Il se pourrait même que cette galerie variée et instructive, en donnant le temps aux auteurs de travailler à des ouvrages dignes du grand prix, attirât au théâtre la société éclairée, et ramenât, dès la première année, les beaux jours du Théâtre-Français.

Par cela même que l'on aurait exposé à la critique ou à l'admiration les richesses du temps passé et celles du temps présent, le théâtre se trouverait épuré tout naturellement par le blâme ou les applaudissements qu'elles auraient reçues. Quand on ne conserverait plus au répertoire que les ouvrages qui auraient obtenu la sanction universelle par leurs beautés littéraires et leur morale, quel est le père qui refuserait de conduire au théâtre sa femme et sa fille? Ne serait-il pas certain qu'elles n'auront point à rougir de s'y trouver? Pourquoi n'aurions-nous donc pas, comme nous l'avions autrefois, un théâtre amusant et instructif? Les auteurs de mon temps, et j'ose me mettre du nombre, ont prouvé, pendant plus de trente ans, que l'on pouvait intéresser, amuser le public sans outrager les mœurs et le bon sens.

Tout est de mode en France, on le sait. Ne se pourrait-il pas faire que ce parfum de morale, de bon goût, de bonne poésie parvînt jusqu'au monde le plus élégant, et qu'il devînt de très-bon ton d'avoir sa loge au Théâtre-Français, comme nos jeunes seigneurs l'avaient autrefois, et comme nos riches amateurs de musique l'ont maintenant aux Bouffes?

Dans cet exposé de mes opinions sur le Théâtre-Français, quelques précautions que j'aie prises pour ôter à la vérité la rudesse de son langage, je suis certain d'avance que tous ceux qui, d'une façon ou d'une autre, tiennent aux abus que j'ai signalés, me blâmeront d'avoir cherché un moyen de les détruire. Les abus sont une si bonne chose pour ceux qui en profitent, et nous vivons dans un temps si singulier, que l'on devient presque coupable d'essayer d'y remédier. Tout va si bien dans l'intérêt de certaines coteries ! Cependant on ne peut pas me reprocher d'avoir imité le grand satirique. Je n'ai point appelé un *chat un chat et Rolet un fripon*. J'ai pris au contraire mille circonlocutions pour ne pas dire : C'est à messieurs tels que nous devons le mépris des règlements, les claqueurs enrégimentés et le trafic des billets. J'aurais pu le faire, car je ne crains pas qu'on me reproche d'avoir eu jamais recours à de tels moyens de succès. J'en appelle sur cet article à la probité de messieurs les comédiens français. J'ai peut-être eu tort, pour mes intérêts, de ne pas imiter presque tous mes jeunes confrères, le temps m'ayant appris que tous ces moyens de charlatanisme et de cupidité étaient chose profitable pour ceux qui savaient en user; mais telles ont été mes fausses idées sur la littérature, que dès ma jeunesse, en offrant au public mes premiers essais, j'ai cru exercer une magistrature qui me commandait, non-seulement de ne rien écrire qui pût être nuisible à la société, mais encore de chercher à la diriger autant que je le pourrais vers des sentiments nobles et généreux; en donnant à mes grandes comédies un but moral, je n'ai fait qu'imiter les auteurs qui m'ont précédé et accompagné dans la carrière; et, comme eux, je puis le prouver par mes œuvres imprimées. Si l'on n'y trouve pas le talent dramatique d'un grand maître, on y trouvera du moins cette morale pure, cette délicatesse de sentiments, cette décence de gaieté qui peuvent contribuer à former l'honnête homme et l'homme aimable.

Comme je vous l'ai dit, monsieur le Ministre, au commencement de cette lettre, en vous signalant les fautes de l'administration du Théâtre-Français et les erreurs littéraires qui le conduiront à sa perte, j'ai cru remplir le devoir d'un homme de bien; je l'ai rempli ce devoir avec d'autant plus de confiance, que j'étais sûr de m'adresser à un digne fonctionnaire de l'État qui a prouvé, pendant toute sa vie politique, que ses pénibles travaux n'avaient pour but que la prospérité publique et la gloire de la France. Si je me suis appesanti sur la cause qui a livré notre ancienne et belle littérature aux dédains et au mépris, c'est que j'ai vu le danger que courait la société par l'immoralité des nouvelles doctrines. Que le gouvernement ne s'y trompe pas, autant le théâtre peut être utile aux mœurs, autant il peut être dangereux par de faux principes et d'obscènes tableaux. Il dépend de vous, monsieur le Ministre, de ramener le théâtre à cette dignité qui doit faire de nos jeux scéniques le plaisir de l'honnête homme. Trop longtemps des crimes *que les lois punissent* ont offert des sujets de drame à certains auteurs qui, poussés par la cupidité, croient trouver le génie dans des combinaisons obscènes et des spectacles hideux. Ah! si les paroles d'un vieillard qui, par son âge et son expérience, a pu comparer les mœurs de sa jeunesse à celles de nos jours, pouvaient être écoutées par le gouvernement, j'oserais lui dire : « Si le théâtre « reste encore longtemps dans son état actuel, si, « dans nos ouvrages dramatiques, tous les liens de « famille sont flétris et méprisés, si la royauté

« continue d'y être avilie, si le méchant intéresse
« ou inspire la gaieté, si les voleurs et les assassins
« y sont représentés comme des héros, si l'impu-
« dence d'un scélérat condamné est réputée une
« preuve de courage et de grandeur, si le suicide
« y est offert comme un remède à tous les maux,
« enfin, si l'on familiarise le peuple avec tous les
« genres de crime, tels que l'inceste et le parricide,
« il faut que nos enfants s'attendent à voir un
« jour une dissolution complète de la société, et
« qu'ils cherchent d'avance, comme le dit notre
« grand Molière,

Un endroit écarté
Où d'être homme d'honneur on ait la liberté (1).

Je vous demande pardon, monsieur le Ministre, de vous avoir ennuyé si longtemps de mes projets de réforme; mais j'avais la conviction que nous pourrions devoir à votre amour pour les arts, dont vous avez donné tant de preuves, les améliorations que réclame l'art dramatique. Oui, je suis certain qu'aidé par la chambre des députés, et par l'auguste protection que le roi accorde à tout ce qui est grand et noble, vous pourriez

---

(1) Je pourrais nommer tous les ouvrages qui nous offrent de pareils tableaux; mais on concevra facilement que je ne le dois pas, par égard pour de jeunes auteurs qui se sont écartés de la bonne voie, mais qui pourront y rentrer.

rétablir le Théâtre-Français sur des bases nouvelles, et parvenir à lui rendre dans quelques années son premier éclat. Que je me trouverais heureux, au terme de ma vie, si je pouvais me flatter d'y avoir contribué par quelques idées ! Ce petit succès administratif serait un adoucissement aux peines bien cruelles et bien imprévues qui sont venues affliger ma vieillesse.

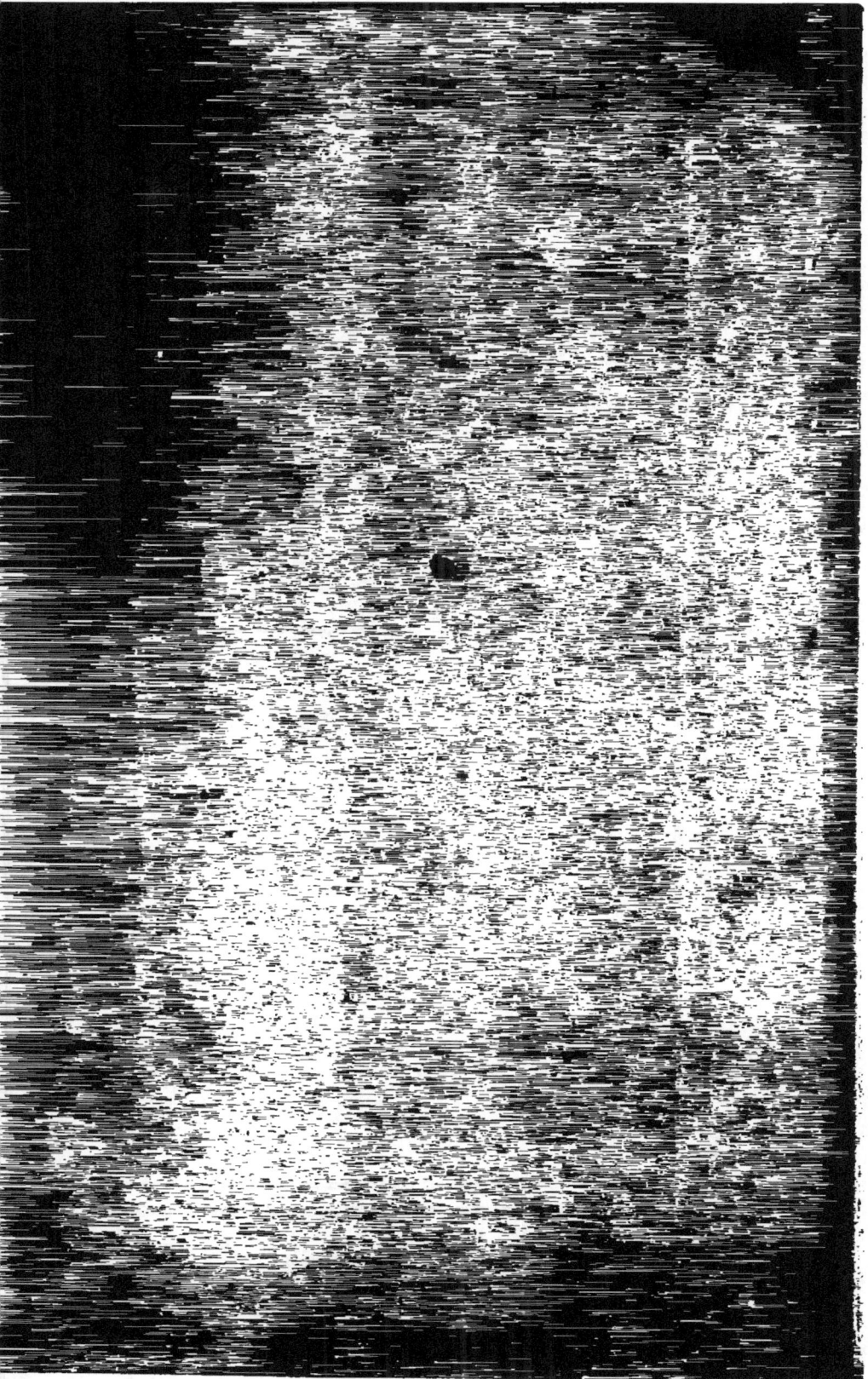

(Lot 28 - N°1)

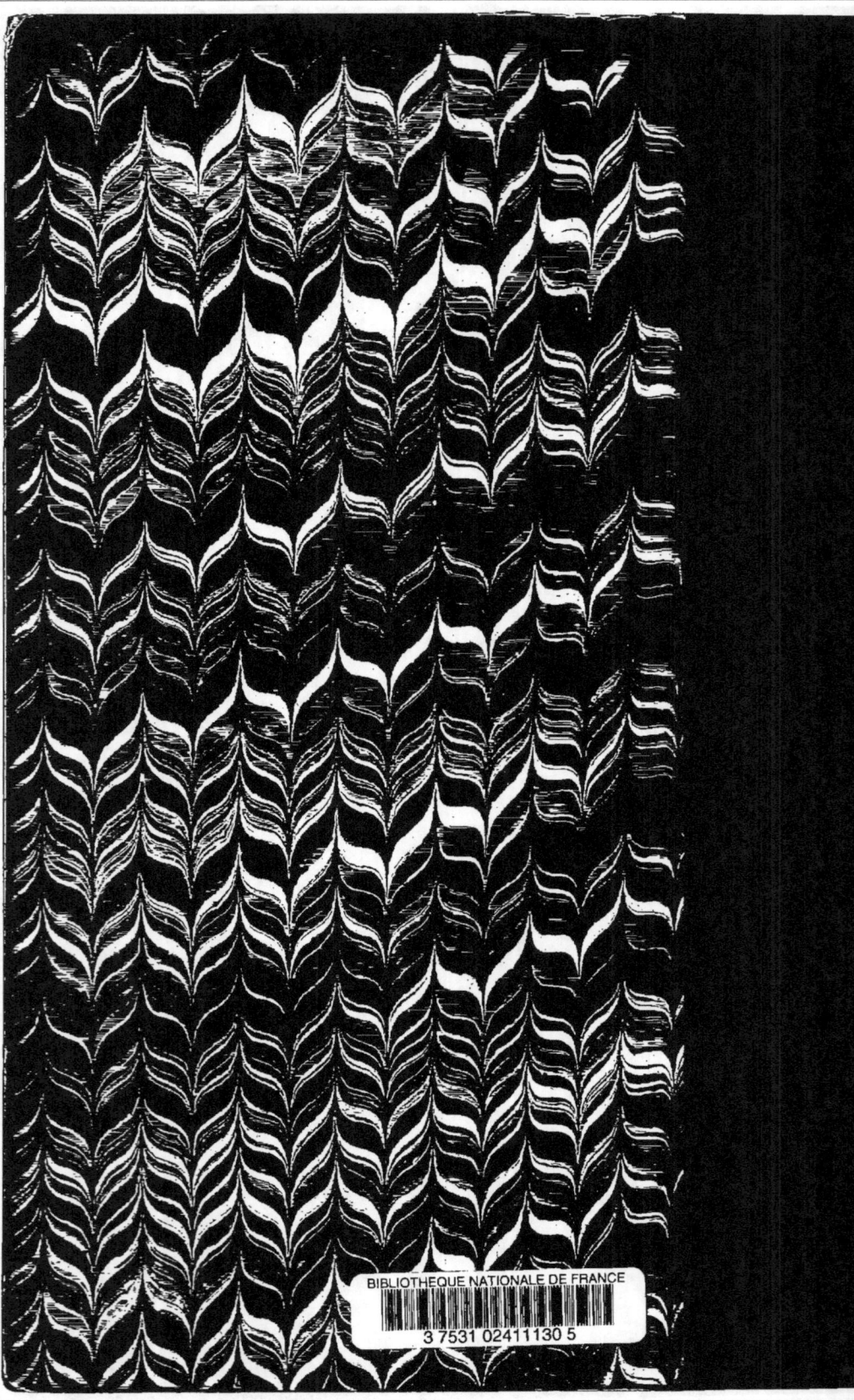

www.ingramcontent.com/pod-product-compliance
Lightning Source LLC
LaVergne TN
LVHW050615090426
835512LV00008B/1502